Detektiv Müller
Weihnachtskrimi in München

Felix & Theo

AF201671

Ernst Klett Sprachen
Stuttgart

Leichte Lektüren
Deutsch als Fremdsprache
Weihnachtskrimi in München *Stufe mittel*

Nachfolger von 978-3-12-606449-1 (Adel und edle Steine)

1. Auflage 1 [5 4 3 2 1] | 2022 21 20 19 18

Alle Drucke dieser Auflage sind unverändert und können im Unterricht nebeneinander verwendet werden.
Die letzte Zahl bezeichnet das Jahr des Druckes. Das Werk und seine Teile sind urheberrechtlich geschützt. Jede Nutzung in anderen als den gesetzlich zugelassenen Fällen bedarf der vorherigen schriftlichen Einwilligung des Verlags.

© der Originalausgabe: Langenscheidt KG, München 1991
© Ernst Klett Sprachen GmbH, Rotebühlstraße 77, 70178 Stuttgart 2018
Alle Rechte vorbehalten.
www.klett-sprachen.de

Autor und Illustrator: Felix und Theo
Redaktion und Annotationen: Hannah Blumöhr
Unter Mitarbeit von Katrin Wilhelm

Hörfassung gesprochen von Johannes Lange
Diese Audiodateien sind über Klett Augmented wie auch online verfügbar.
Zugangscode: **www.klett-sprachen.de: zeka3pf**

Layoutkonzeption: Andreas Drabarek
Gestaltung und Satz: Datagroup Int. SRL, Timișoara, Rumänien
Umschlaggestaltung: Andreas Drabarek
Druck und Bindung: Salzland Druck, Staßfurt
Printed in Germany

ISBN 978-3-12-675123-0

9 783126 751230

ISBN 978-3-12-675123-0

Inhaltsverzeichnis

Klett-Augmented-App kostenlos downloaden und öffnen

Bilderkennung starten und Seite mit **diesem Symbol** scannen

Medien laden, direkt nutzen oder speichern

Vorstellung der Hauptpersonen

Die Hauptpersonen dieser Geschichte sind:

Helmut Müller ist Privatdetektiv. Er lernt bei diesem Fall Leute aus der Münchner Schickeria kennen.

Bea Braun arbeitet mit Helmut Müller zusammen. Sie ist seine Sekretärin. Sie wollte schon immer mal feine Leute kennen lernen. Hat sie diesmal Glück?

7 **Privatdetektiv** Beruf; Person, die ohne die Polizei Ermittlungen macht | 8 **Schickeria** eine Gesellschaftsschicht mit viel Geld, die sich für wichtig hält | 14 **Sekretärin** Beruf; organisiert zum Beispiel die Termine des Chefs |

Weitere Personen in der Geschichte

Maria Hintersberger ist Helmut Müllers Jugendliebe. Manchmal kreuzen sich ihre Wege. Aber zu einem gemütlichen Abend reicht die Zeit nie.

Clothilde Krumm ist eine begabte und beliebte Goldschmiedin und Künstlerin. Eine Vernissage ihrer Werke zieht die Münchner Schickeria an.

Florian Quarz interessiert sich für Kunst und fördert daher gerne Künstlerinnen und Künstler. Er ist Kunstmäzen. Sein Geld verdient er an der Börse. Seine Partys und Feste sind ein „Muss" der Münchner Szene.

Das Hotel „*Bayerische Jahreszeiten*" hat fünf Sterne und ist das beste und teuerste Hotel Münchens. Der Hausdetektiv hat diesmal keine Freude an seiner Arbeit.

7 **Goldschmiedin** Beruf; jemand, der Schmuck herstellt | 8 **Vernissage** Eröffnung einer Kunstausstellung | 12 **Kunstmäzen** jemand, der Künstler finanziell unterstützt | 13 **Börse** anderes Wort für Geldmarkt | 17 **Hausdetektiv** Beruf; jemand, der Gäste beobachtet und schaut, dass nichts gestohlen wird

Florian Quarz
gibt sich die Ehre,
Sie herzlich einzuladen zur
Vernissage

ZEITLOS
AUS STEIN UND METALL

Schmuckstücke und Edelstein-Collagen
von Clothilde Krumm

Schirmherrin
Majestät Prinzessin Stephanie von Luxemburg

am Samstag, 3. Dezember, 20 Uhr
im Hotel Bayerische Jahreszeiten
München

---

9 **Ehre** Wertschätzung, Respekt | 17 **Schmuckstücke** Schmuck: Ohrringe, Ketten, Ringe | 20 **Schirmherrin** eine berühmte Person, die mit ihrem Namen eine Veranstaltung unterstützt | 21 **Majestät** Name für Kaiser und Könige |

Kapitel 1

München, Donnerstag, 1. Dezember

„Wunderbar, wunderbar, Frau Hintersberger, sehr gut, die Einladungskarte gefällt mir. Sehr elegant, vornehm, diskret. Doch, doch, ich bin zufrieden. Wie laufen sonst so die Vorbereitungen?"

Der Kunstmäzen und Börsenspezialist Florian Quarz ist sehr zufrieden. Er sitzt in einem bequemen Ledersessel in seinem Büro und unterhält sich mit Maria Hintersberger. Diese Dame wurde ihm von einem Bekannten aus dem bayerischen Adel empfohlen als hervorragende Organisatorin von Veranstaltungen, Festen und Kunstausstellungen. Sie soll die nächste Vernissage vorbereiten. Diesmal muss alles besonders gut laufen. Die Preise für Kunstobjekte sind sehr gestiegen. Deshalb muss dieses Mal auch ein bisschen Show mit dabei sein. Frau Hintersberger hat ihm ein wunderbares Programm zusammengestellt. Bekannte Künstlerinnen werden für die Unterhaltung sorgen. Außerdem hat es Maria Hintersberger geschafft, eine königliche Schirmherrschaft zu organisieren, die persönlich die Vernissage eröffnen wird.

---

11 **Einladungskarte** ein Stück Papier, auf dem der Ort und die Zeit einer Feier stehen | 11 **elegant** schick, schön | 11 **diskret** *hier:* zart, unaufdringlich | 15 **Ledersessel** Möbelstück zum Sitzen aus Leder (Tierhaut) | 18 **Adel** Menschen, die durch ihre Geburt Besitz und einen Titel geerbt haben | 18 **hervorragend** sehr gut | 18 **Organisatorin** jemand, der ein Fest vorbereitet | 19 **Kunstausstellung** eine Veranstaltung, bei der Kunstwerke gezeigt werden | 25 **Unterhaltung** *hier:* Spaß | 27 **persönlich** *hier:* Sie ist da.

„Alle Vorbereitungen laufen planmäßig, Herr Quarz. Allerdings muss ich Sie bitten, mir noch einen weiteren Vorschuss von 100.000 € zu geben. Die ersten 100.000 € sind praktisch verbraucht. Die Künstleragenturen wollen Garantiehonorare im Voraus, das Hotel „Bayerische Jahreszeiten" will ebenfalls für die Zimmerreservierungen und die Saalmiete eine Vorauszahlung. Außerdem muss ich eine ganze Reihe Flugtickets für unsere Ehrengäste kaufen", sagt Maria Hintersberger.

Florian Quarz antwortet: „In Ordnung, Frau Hintersberger. Wie steht's denn mit der Liste der Ehrengäste? Haben wir schon Zusagen von den wichtigsten Leuten?"

„Ja, Herr Quarz, alles läuft gut. Der Oberbürgermeister hat zugesagt, die Vorsitzenden der großen Parteien kommen, wir haben eine Reihe von Vertretern der Wirtschaft, natürlich auch Schauspielerinnen, Musiker und so weiter. Insgesamt über 200 Gäste", erzählt die Organisatorin.

„Und die Prinzessin Stephanie von Luxemburg kommt auch wirklich?", möchte Florian Quarz wissen.

„Natürlich, Herr Quarz. Allerdings will sie 50.000 € Honorar. Aber das ist eine gute Investition. Die Presse ist ebenfalls schon informiert. Alle Münchner Zeitungen warten auf Stephanie. Dazu machen wir noch ein Exklusivinterview mit einer Zeitung. Der ‚Regenbogen' will uns 40.000 € dafür bezahlen", berichtet Maria Hintersberger.

---

4 **Künstleragentur** eine Firma, die Künstler vermittelt | 5 **Garantie** etwas, das die Sicherheit gibt, dass in der Zukunft etwas stattfindet | 5 **Honorar** Geld, das man bekommt, wenn man eine bestimmte Arbeit macht | 6 **Zimmerreservierung** Vorbestellung von Zimmern | 6 **Saalmiete** Geld, das man bezahlt, um einen Raum nutzen zu dürfen | 7 **Vorauszahlung** eine kleine Menge Geld, die man bezahlt, bevor die Leistung erbracht wurde | 8 **Ehrengast** ein besonders wichtiger Gast | 14 **Vorsitzender** Leiter, Chef | 18 **Prinzessin Stephanie von Luxemburg** Diese Prinzessin gibt es nicht. Alle Namen und Personen in dieser Geschichte sind frei erfunden. | 21 **Investition** Ausgabe von Geld | 21 **Presse** *hier:* Zeitungen, Zeitschriften oder Internetportale | 23 **Exklusivinterview** ein Gespräch mit nur einer bestimmten Zeitung

„Wunderbar, wunderbar. Ich hoffe nur, dass sich diese Investition auch lohnt. Bitte informieren Sie mich weiter täglich. Ach, hier ist der Scheck über 100.000 €. Bitte seien Sie so freundlich und unterschreiben bei meiner Sekretärin die Empfangsbescheinigung."

„Selbstverständlich, Herr Quarz. Sonst noch etwas?", fragt Maria Hintersberger.

„Nein, vielen Dank, das ist alles. Bis morgen also. Auf Wiedersehen, Frau Hintersberger", verabschiedet sich Florian Quarz.

„Auf Wiedersehen, Herr Quarz."

Auch Maria Hintersberger ist zufrieden. Der Plan funktioniert hervorragend. Es war nicht einfach, ein gutes Empfehlungsschreiben zu fälschen und an diesen Florian Quarz zu schicken. Schließlich musste sie Referenzen angeben, Namen und Adressen von früheren Auftraggebern. Aber alles hat gut funktioniert. Florian Quarz hat Vertrauen zu ihr und hat ihr schon 200.000 € gegeben. Etwas von diesem Geld muss sie natürlich ausgeben. Aber nur sehr wenig. Den Rest wird sie selbst behalten. Und das Honorar für die Stephanie von Luxemburg dazu. Und das Geld für das Exklusivinterview ebenfalls. Denn diese Stephanie wird gar nicht kommen. Und das Interview wird es auch nicht geben.

---

3 **Scheck** Stück Papier, mit dem man Geld von einer Bank bekommt | 5 **Empfangsbescheinigung** Nachweis, dass sie das Geld bekommen hat | 14 **funktionieren** *hier:* Es läuft alles so, wie sie es sich überlegt hat. | 15 **Empfehlungsschreiben** ein Brief, in dem jemand die Arbeit von Frau Hintersberger als gut bewertet | 15 **fälschen** mit böser Absicht Kopien von etwas erstellen | 16 **Referenz** Beurteilung einer Person oder ihrer Arbeit | 17 **Auftraggeber** jemand, der einer anderen Person Arbeit gibt | 18 **Vertrauen** das Gefühl, einer Person wichtige Dinge geben zu können und sie nichts Böses damit macht

Jetzt muss Maria noch zwei Tage weiter so tun, als sei sie wirklich eine Organisatorin von Vernissagen, damit der Quarz keinen Verdacht schöpft. Dann muss sie noch die Clothilde Krumm treffen und den Transport von den Schmuckstücken organisieren. Aber diese Schmuckstücke werden nicht ins Hotel „Bayerische Jahreszeiten“ gebracht, sondern per Express nach Singapur geschickt. Maria freut sich schon auf die Gesichter der Ehrengäste, wenn die Vernissage eröffnet wird und kein Schmuck da ist, keine Stephanie von Luxemburg und natürlich keine Maria. Schade, dass sie nicht dabei sein kann. Der Flug nach Singapur ist bereits reserviert, das Flugticket gekauft, ein falscher Pass organisiert.

3 **Verdacht** Idee/Vermutung, dass etwas Verbotenes gemacht wird | 3 **schöpfen** vermuten, ahnen | 4 **Transport** der Vorgang, dass der Schmuck von der Künstlerin ins Hotel gebracht wird | 6 **per Express** *hier:* sehr schnell

Kapitel 2

Berlin, 1. Dezember

Privatdetektiv Helmut Müller und seine Mitarbeiterin Bea Braun sitzen zusammen, trinken Kaffee und sprechen über das letzte Wochenende.

Helmut Müller fragt: „Und was haben Sie dieses Wochenende gemacht?"

„Ich war mit einer Freundin auf einem Konzert. Und Sie, Chef?", möchte Bea Braun wissen.

„Ich habe das ganze Wochenende meinen neuen Krimi gelesen. Ein sehr spannendes Buch", antwortet Helmut Müller.

Da fragt Bea Braun: „So spannend wie unser aktueller Auftrag?"

Helmut Müller hat den Auftrag bekommen, eine Vernissage von wertvollen künstlerischen Schmuckstücken und Edelstein-Collagen zu überwachen. Bea Braun und er müssen die Einladungen überprüfen, die Gäste unauffällig kontrollieren und natürlich aufpassen, dass keine Ausstellungsobjekte verschwinden. Bea Braun ist ganz aufgeregt, weil bei dieser Vernissage bekannte Künstlerinnen und berühmte Leute aus Wirtschaft und Politik anwesend sein werden und außerdem auch Stephanie von Luxemburg, Ihre Majestät Prinzessin Stephanie von Luxemburg!

Den Auftrag hat das Detektivbüro Müller von einem Münchner Kollegen vermittelt bekommen. Es ist ein Auftrag für einen Tag und eine Nacht und sehr gut bezahlt. Morgen fliegen beide nach München. Übermorgen früh haben sie den ersten Termin im Hotel „Bayerische Jahreszeiten". Dort werden sie mit dem Direktor und dem Hoteldetektiv sprechen und den

2 **wertvoll** teuer, kostbar | 3 **überwachen** etwas genau beobachten | 4 **überprüfen** sich etwas genau ansehen, um zu sehen, ob alles in Ordnung ist | 5 **Ausstellungsobjekte** das, was gezeigt wird, *hier:* der Schmuck | 6 **verschwinden** *hier:* geklaut/gestohlen werden | 6 **aufgeregt** nervös, unruhig | 28 **Direktor** Leiter/Chef eines Hotels

Sicherheitsplan erstellen. Morgen früh muss Helmut Müller sich noch einen Smoking besorgen.

Bea Braun macht sich ebenfalls schick. Sie kauft sich ein kleines schwarzes Kostüm, um sich so unauffällig unter die Gäste zu mischen.

„Also, Bea, wir treffen uns morgen um 12 Uhr 20 am Flughafen, direkt am Lufthansa-Schalter für den Flug nach München. O.K.?", fragt Helmut Müller.

„O.K., Chef, bis morgen", verabschiedet sich Bea Braun.

---

1 **Sicherheitsplan** Vorstellung, wie die Feier ohne Probleme stattfinden kann | 2 **Smoking** edle Kleidung für den Mann | 7 **Lufthansa** deutsche Fluggesellschaft | 7 **Schalter** eine Art Tisch, an dem Kunden bedient werden

Kapitel 3

München, Freitag, 2. Dezember, 10 Uhr

Atelier Clothilde Krumm

Das Atelier der Künstlerin Clothilde Krumm liegt in einer Seitenstraße der Leopoldstraße im Münchner Stadtteil Schwabing. Maria Hintersberger nimmt den Fahrstuhl und steigt im Dachgeschoss aus. Sie klingelt und Clothilde Krumm öffnet die Tür.

„Hallo, Frau Krumm. Mein Name ist Hintersberger. Ich organisiere die Vernissage morgen Abend im Hotel ‚Bayerische Jahreszeiten'. Ich habe Sie gestern angerufen, erinnern Sie sich?", stellt sich Maria Hintersberger vor.

„Oh, ja, natürlich. Maria heißen Sie, nicht wahr? Ich bin Clothilde, sagen Sie doch Clothi zu mir. Meine Freunde nennen mich alle Clothi. Kommen Sie rein."

Das Atelier ist sehr groß. Im Dach sind riesige Fenster, die viel Licht in das Atelier lassen. Überall stehen kleine Skulpturen, halbfertige Schmuckstücke, Metall- und Edelsteincollagen.

„Wunderschön haben Sie es hier, Clothi. Ein herrliches Atelier. Ich bewundere Ihre Arbeiten. Wirklich herrlich, Ihre Sachen! Woher nehmen Sie nur Ihre Ideen?", fragt Maria Hintersberger.

---

8 **Atelier** Werkstatt eines Künstlers | 10 **Schwabing** ist ein Stadtteil im Norden von München. | 10 **Fahrstuhl** Aufzug/eine Art Raum, der Personen von einem Stockwerk zum anderen bringt | 11 **Dachgeschoss** das oberste Stockwerk in einem Haus | 22 **Skulpturen** eine Figur, die ein Künstler gemacht hat | 25 **bewundern** toll finden

„Die Vorlage für meine Kunst ist die Natur. Die Formen und Farben, die es in der Natur gibt, sind einmalig.

Achten Sie mal auf die Farben eines Sonnenuntergangs!“, erzählt die Künstlerin.

Maria Hintersberger möchte wissen: „Das ist ja interessant. Und diese Farben stellen Sie dann in Ihren Schmuckstücken dar?“

„Ja, genau. Das macht mir großen Spaß und kommt gut an.“

Während sich Maria Hintersberger mit der Künstlerin unterhält, schaut sie sich gründlich im Atelier um. Die Ausstellungsobjekte sind zum Teil schon verpackt, einige stehen noch in Regalen oder liegen auf einem kleinen Marmortisch. Schließlich sagt Maria:

„Also, Clothi, morgen früh komme ich persönlich mit einem Transporter, um die Objekte abzuholen. Wir packen das Ganze in Spezialkisten und bringen alles ins Hotel ‚Bayerische Jahreszeiten‘. Ich kümmere mich persönlich um die Organisation und den Aufbau der Ausstellung. Und jetzt kommt das Beste: Bis zur Ausstellungseröffnung am Abend werden wir alle Objekte mit weißen Tüchern zudecken, damit niemand die Kunstwerke vor der Eröffnung der Vernissage sieht. Stephanie von Luxemburg wird dann eine kleine Rede halten, dann spricht Florian Quarz einige Worte und schließlich werden die Objekte enthüllt. Na, wie finden Sie die Idee?“

Clothilde Krumm antwortet: „Ach, einfach großartig. Wirklich sehr originell. Ich freue mich riesig auf morgen. Bis dann, meine Liebe, tschüss, bis morgen früh.“

---

11 **gründlich** genau | 13 **Marmortisch** Tisch aus weißem Stein | 14 **schließlich** am Ende | 16 **Transporter** Lieferwagen, LKW | 17 **Spezialkisten** besondere Boxen | 20 **Ausstellungseröffnung** Beginn der Vernissage | 25 **enthüllen** Die weißen Tücher werden weggenommen. Die Schmuckstücke werden sichtbar. | 27 **originell** neu, ungewöhnlich | 27 **riesig** sehr

Kapitel 4

Samstag, 3. Dezember

Als Helmut Müller und Bea Braun im Hotel „Bayerische Jahreszeiten“ ankommen, ist es 12 Uhr. Das Gespräch mit dem Hoteldirektor und dem Hoteldetektiv dauert eine knappe halbe Stunde. Der Hoteldetektiv erklärt den beiden anschließend, in welchen Räumen die Vernissage stattfinden wird. Dann überprüfen sie die Gästeliste, die ihnen der Hoteldirektor gegeben hat. Als Helmut Müller nach den Exponaten fragt, antwortet der Hoteldetektiv:

„Die Ausstellung wurde schon heute früh von der Organisatorin persönlich aufgebaut. Sie hat auch den Transport hierher betreut. Eine sehr fleißige und sympathische Dame. Als besonderer Effekt wurden die Schmuckstücke alle mit weißen Tüchern bedeckt, so dass die Kunstwerke erst bei der Eröffnung besichtigt werden können.“

„Und? Haben Sie die Sachen gesehen?“, fragt Bea Braun neugierig.

„Nein, nein. Das lief alles ganz diskret ab. Niemand von uns hat die Schmuckstücke gesehen. Das wurde alles ganz phantastisch von der Organisatorin abgewickelt“, erzählt der Hausdetektiv.

„Na, dann haben wir ja bis heute Abend nichts zu tun“, sagt Helmut Müller, „Wir könnten ja ein bisschen in der Stadt spazieren gehen. München ist in der Vorweihnachtszeit immer besonders schön.“

---

8 **anschließend** danach | 11 **Exponat** Ausstellungsstück, *hier:* Schmuck | 15 **betreuen** sich um etwas kümmern | 16 **Effekt** Wirkung, Zauber | 17 **bedecken** *hier:* die Tücher liegen auf den Schmuckstücken. Der Schmuck ist nicht zu sehen. | 21 **diskret** *hier:* unauffällig | 23 **phantastisch** sehr gut | 23 **abgewickelt** organisiert | 27 **Vorweihnachtszeit** Advent, vier Wochen vor Weihnachten

„Prima Idee, Chef. Ich muss auch noch ein Geschenk für meine Mutter kaufen. Vielleicht finden wir was auf dem Christkindlmarkt am Marienplatz“, antwortet Bea Braun.

Der Hausdetektiv unterbricht die beiden: „Einen Moment noch, meine Kollegen. Wir sollten kurz den Zeitplan für heute Abend durchsprechen. Außerdem fände ich es gut, wenn Sie kurz mit der Organisatorin sprechen würden. Ich habe sie heute Vormittag informiert, dass Sie mit der Überwachung der Ausstellung betreut sind. Hier ist die Telefonnummer von ihrem Büro.“ Der Hoteldetektiv gibt Helmut Müller eine Visitenkarte.

M. Hintersberger

Ausstellungen · Feste
Veranstaltungen

München · Paris · New York

Auf der Rückseite steht in Handschrift eine Telefonnummer: 24 25 56.

---

3 **Christkindlmarkt** ist ein Weihnachtsmarkt am Münchener Marienplatz. | 10 **Zeitplan** Ablauf, wann was stattfindet | 15 **Visitenkarte** kleines Stück Papier mit Name, Adresse und Telefonnummer einer Person | 26 **Rückseite** hinten | 26 **Handschrift** per Hand geschrieben

Helmut Müller steckt die Visitenkarte in seine Jacke. Dann sprechen die drei über den Zeitplan des Abends. Bea Braun macht sich kurze Notizen.

18^{00}	Ankunft Stephanie v. L. → Flughafen (wird von Frau H. abgeholt)
19^{00}	Pressekonferenz im Ballsaal/Hotel
19^{30}	Ankunft der ersten Ehrengäste
20^{00}	Eröffnung durch St. v. L. – Rede F.Q.
20^{15}	Vernissage/Enthüllung d. Schmuckstücke
22^{00}	künstlerischer Auftritt
23^{00}	musikalischer Auftritt
24^{00}	offizielles Ende (Gäste → Bar)
??	Ende ??

Als Helmut Müller und Bea Braun das Hotel verlassen, ist es genau 13 Uhr. Bis zum Arbeitsbeginn haben sie noch vier Stunden Zeit.

1 **stecken** nehmen | 8 **Pressekonferenz** Hier können Journalisten Fragen zu der Ausstellung und den Schmuckstücken stellen. | 21 **verlassen** raus gehen | 22 **Arbeitsbeginn** Zeitpunkt, an dem sie anfangen zu arbeiten

GLÜHWEIN

Kapitel 5

Samstag, 3. Dezember, 15 Uhr

Bea Braun ist begeistert vom Münchner Christkindlmarkt. Der ganze Marienplatz steht voller kleiner Buden, die Christbaumschmuck verkaufen. Es gibt auch Stände mit Spezialitäten aus verschiedenen Regionen Süddeutschlands und Österreichs, sogar aus Südtirol sind einige Händler angereist. Überall riecht es nach Weihnachtsgebäck und Glühwein. Tausende von Menschen, die hier ihre Weihnachtseinkäufe machen, schlendern durch die kleinen Gassen. Helmut Müller und Bea Braun kaufen etwas Gebäck und machen eine kleine Pause an einem Stand, an dem es auch etwas zu trinken gibt.

„Ach, übrigens, Chef, haben Sie diese Organisatorin angerufen?", fragt Bea Braun.

Der Privatdetektiv antwortet: „Wen? Ach, die Organisatorin... Nein, habe ich vergessen. Mist. Wo habe ich denn die Visitenkarte ... Ah, hier."

5 **begeistert sein** *hier:* toll finden | 6 **Bude** Hütte, kleines Haus | 7 **Christbaumschmuck** Glaskugeln, Kerzen und Strohsterne, mit denen ein Weihnachtsbaum verschönert wird | 8 **Spezialität** typisches Essen | 8 **Region** Gegend, Orte | 9 **Südtirol** Region im Norden Italiens, in der Deutsch gesprochen wird | 9 **Händler** Verkäufer | 10 **Weihnachtsgebäck** Plätzchen, weihnachtliche Kekse | 10 **Glühwein** warmer Rotwein mit Zucker und Gewürzen | 12 **schlendern** langsam gehen

Helmut Müller holt sein Handy raus und wählt.

„Komisch“, sagt er zu Bea Braun, „Hintersberger hieß eine Jugendliebe von mir. Wir haben zusammen hier in München studiert. Allerdings wählte sie dann einen anderen Beruf als ich. Sie wurde zu einer international gesuchten Diebin und Betrügerin. Erinnern Sie sich, Bea, ich habe sie mal im Flugzeug von Berlin nach München getroffen. Anschließend hat sie in dem Hotel, in dem ich wohnte, die Brillanten einer Opernsängerin gestohlen. Das gab vielleicht Ärger. Selbst die Polizei glaubte, ich hätte mit ihr zusammengearbeitet. Immer Ärger mit Maria...“

Am anderen Ende der Leitung hört Helmut Müller nur ein TUUT – TUUT – TUUT.

„Wie spät ist es, Bea?“, fragt Helmut Müller.

„Wie spät? Es ist jetzt Viertel nach drei, Chef. Wahrscheinlich ist Frau Hintersberger unterwegs zum Flughafen, um die Prinzessin abzuholen. Wir müssen jetzt sowieso ins Hotel. Umziehen, alles vorbereiten, und dann ist ja um 19 Uhr die Pressekonferenz.“

„Hm, ja, ja, Sie haben Recht. Außerdem gibt es sicherlich viele Frauen, die ‚M. Hintersberger‘ heißen. Marta, Magdalena, Myriam, Mathilde... Trotzdem, ich will sicherheitshalber mal Herrn Quarz anrufen. Der hat ja die Dame engagiert. Haben Sie die Telefonnummer zur Hand?“, fragt der Privatdetektiv.

Bea Braun gibt ihm die Nummer.

„Tag, Herr Quarz, mein Name ist Müller. Ich bin der Privatdetektiv, der die Veranstaltung heute Abend überwacht. Entschuldigen Sie, äh, eine Frage: Kennen Sie Frau Hintersberger

---

2 **komisch** *hier:* seltsam | 4 **allerdings** aber | 6 **Betrügerin** jemand, der etwas Böses macht | 8 **Brillant** ein besonders wertvoller Diamant | 9 **stehlen** ohne Erlaubnis nehmen | 9 **Ärger** Probleme | 24 **jmd. engagieren** jmd. einen Auftrag geben

gut? Ja, ja... Wie? Natürlich, Referenzen, Zeugnisse, alles in Ordnung... ja, ja... Können Sie sie mir kurz beschreiben, Äußeres, Haare, Größe... Aha, ... nein ... nein, nur eine reine Sicherheitsüberprüfung... und wie heißt sie mit Vornamen? ... Ja, ja, vielen Dank, auf Wiederhören, Herr Quarz. Und entschuldigen Sie die Störung."

Helmut Müller legt auf. Er ist jetzt sehr nervös.

„Bea, hier stimmt etwas nicht. Die Beschreibung, die mir Herr Quarz gegeben hat, passt genau auf Maria. Und die Dame heißt auch Maria mit Vornamen. Er sagt zwar, dass sie ausgezeichnete Zeugnisse hat und Referenzen von ihm persönlich bekannten Herrschaften aus dem bayerischen Adel, aber ich weiß nicht, ich weiß nicht, solche Zeugnisse kann man fälschen", meint der Privatdetektiv.

„Dann sollten wir jetzt zwei Sachen machen, Chef. Erstens die Flughafenpolizei anrufen. Vielleicht ist die Hintersberger schon am Flughafen, um Stephanie von Luxemburg abzuholen. Zweitens rufen wir den Hoteldetektiv an, dass er die Ausstellung bewacht. Dann kann doch nichts passieren, oder?", antwortet Bea Braun.

Helmut Müller ist einverstanden. Sie rufen am Flughafen an, aber dort weiß man nichts von der Ankunft einer Prinzessin.

„Wahrscheinlich reist sie incognito", sagt Bea Braun.

„Also, Bea, wir ändern unseren Plan. Ich fahre zum Flughafen, und Sie gehen ins Hotel. Wir treffen uns dann um 19 Uhr im Ballsaal. Vielleicht ist es ja wirklich nur ein Zufall, dass die Organisatorin so ähnlich aussieht wie Maria. Aber sicher ist sicher. Ich versuche sie am Flughafen zu treffen. Bis später!"

---

6 **Störung** Unterbrechung | 10 **ausgezeichnet** sehr gut | 12 **Herrschaften** Damen und Herren | 16 **Flughafenpolizei** Abteilung der Polizei, die für die Sicherheit am Flughafen sorgt | 23 **incognito** mit einem fremden Namen, damit sie nicht erkannt wird | 26 **Zufall** ein Ereignis, das so nicht geplant oder erwartet war | 27 **ähnlich** *hier:* Maria und die Organisatorin sind beide groß und haben beide blonde Haare.

Kapitel 6

Samstag, 3. Dezember, 16 Uhr

Am Flughafen geht Helmut Müller zur Ankunftshalle und schaut auf den Monitor, der die landenden Flugzeuge anzeigt. Gerade ist ein Flugzeuge aus Paris gelandet, um 16 Uhr 20 kommt ein Flugzeug aus London, dann noch ein verspäteter Flug aus Mailand. Helmut Müller schaut sich unter den wartenden Menschen um. Nichts. Keine Maria weit und breit. Er beschließt, zum Informationsschalter in der Abflughalle zu gehen.

Er sagt: „Entschuldigen Sie, könnten Sie mir bitte helfen? Ich bin mit jemandem verabredet und kann die Person nicht finden. Vielleicht könnten Sie sie ausrufen lassen? Es handelt sich um eine Dame mit Namen Maria Hintersberger."

„Selbstverständlich. Einen Moment, bitte", sagt die junge Frau am Informationsschalter. Kurz darauf hört Helmut Müller eine Stimme aus dem Lautsprecher: „Frau Maria Hintersberger, bitte melden Sie sich am Informationsschalter der Lufthansa in der Abflughalle. Frau Hintersberger, bitte!"

---

5 **Ankunftshalle** Hier kann man auf die ankommenden Fluggäste warten. | 6 **Monitor** Bildschrim | 6 **landen** ankommen | 8 **verspätet** Er ist nicht pünktlich. | 11 **beschließen** eine Entscheidung/Beschluss treffen, sich entscheiden | 11 **Informationsschalter** eine Art Tisch, an dem man zum Beispiel nach dem Weg fragen kann | 11 **Abflughalle** Hier haben alle Fluggesellschaften kleine Stände, bei denen man sein Gepäck abgeben kann. | 15 **ausrufen** eine Durchsage machen | 17 **selbstverständlich** natürlich, kein Problem | 19 **Lautsprecher** ein Gerät, das die Stimme einer Person lauter macht. Die Durchsage ist im gesamten Flughafen zu hören.

Als Maria ihren Namen hört, erschrickt sie. Bisher hat doch alles prima geklappt. Als sie heute Vormittag den Anruf des Hoteldetektivs erhielt, glaubte sie schon, dass alles verloren sei. Er sagte ihr, dass sie sich mit dem Detektiv, der mit der Überwachung der Ausstellung beauftragt ist, treffen müsse. Als sie dann den Namen hörte – Helmut Müller aus Berlin –, war sie alarmiert. Ausgerechnet Helmut, ihr alter Freund von früher. Sie musste unbedingt verhindern, dass sie sich treffen. Sie beschloss, zwei Stunden früher als geplant zum Flughafen zu fahren. Und jetzt dieser Aufruf. Sicher ist es Helmut, der versucht, sie zu finden. Nervös reicht sie der Zollbeamtin ihren Ausweis. Die Beamtin schaut gleichgültig und gelangweilt in den Pass.

„Ihre Bordkarte, bitte!“, sagt die Beamtin.

Maria Hintersberger antwortet: „Oh, Entschuldigung, hier, bitte!“

„In Ordnung, Frau Berger. Guten Flug!“

Erleichtert geht sie weiter. Die Beamtin hat nicht gemerkt, dass der Pass gefälscht ist. Jetzt heißt sie Maria Berger und fliegt als Touristin nach Singapur. Sie hat es geschafft.

---

1 **erschrecken** einen Schrecken bekommen, Angst haben | 7 **alarmiert sein** gewarnt, Sie wusste Bescheid. | 7 **ausgerechnet** Das Wort drückt Ärger einer Person aus. | 10 **Aufruf** *hier:* Durchsage | 11 **Zollbeamter** Polizist am Flughafen | 12 **gleichgültig** Es ist ihr egal. | 12 **gelangweilt** ohne Interesse | 14 **Bordkarte** ein Stück Papier, auf dem der Name und der Sitzplatz des Reisenden steht | 18 **erleichtert sein** mit einem guten Gefühl, froh

Kapitel 7

Helmut Müller wartet am Informationsschalter. Nach zehn Minuten gibt er auf. Er fährt zum Hotel „Bayerische Jahreszeiten". Dort trifft er Bea Braun und den Hoteldetektiv. Zusammen gehen sie in den Ballsaal. Dort sind schon die Journalisten und Fotografen. Alle warten gespannt auf die Prinzessin. Herr Quarz ist ganz nervös und schaut dauernd auf die Uhr. Florian Quarz sagt: „Wo bleiben die beiden Damen nur? Die sollten doch längst hier sein. Ich verstehe das nicht. Bisher hat alles perfekt geklappt. Die müssen jetzt einfach kommen!"

Auch Helmut Müller und Bea Braun sind jetzt nervös. Helmut Müller beschließt, mit dem Hoteldetektiv in den Ausstellungsraum zu gehen. Helmut Müller hat einen schrecklichen Verdacht. Der Hoteldetektiv schließt den Raum auf. Helmut Müller geht an den ersten Tisch und hebt das Tuch hoch. Dann wird sein Gesicht ganz weiß.

„Oh Gott, das darf nicht wahr sein! Das hier ist ganz billiger Christbaumschmuck!", stellt der Privatdetektiv fest.

7 **Fotograf** Beruf; Personen, die für Zeitungen Fotos machen | 10 **längst** lange | 16 **Ausstellungsraum** der Raum, in dem der Schmuck gezeigt wird | 17 **aufschließen** mit einem Schlüssel öffnen | 18 **Tuch** ein Stück Stoff

Sie decken alle anderen Tische ab. Überall Christbaumschmuck, Plastikkugeln, Lametta, einige Krippenfiguren „made in China“, sonst nichts.

Sie gehen aus dem Raum und suchen Herrn Quarz. Er steht bei den Presseleuten und unterhält sich mit einigen Reportern. Helmut Müller geht zu ihm.

„Herr Quarz, einen Moment, bitte, kann ich Sie kurz sprechen? Es tut mir leid, Ihnen mitzuteilen, dass Sie auf eine Betrügerin hereingefallen sind. Der gesamte Schmuck aus der Ausstellung ist verschwunden. Ich glaube, dass Sie nicht mehr auf Frau Hintersberger zu warten brauchen. Sicher kommt auch keine Stephanie von Luxemburg.“

2 **Lametta** viele, sehr dünne Streifen aus Metall, die als Schmuck auf den Weihnachtsbaum gelegt werden | 2 **Krippenfiguren** Maria, Josef und das Christuskind | 5 **Presseleute** Mitarbeiter von Zeitungen, Radio und Fernsehen | 5 **Reporter** Beruf; Journalist

Dies bewahrheitet sich. Die Pressekonferenz muss abgesagt werden. Die Vernissage fällt aus und München hat seinen vorweihnachtlichen Skandal. Maria Hintersberger ist schlauer als alle anderen und sitzt bereits im Flugzeug nach Singapur, um dort die Kisten mit den echten Schmuckstücken abzuholen.

1 **abgesagen** *hier:* sagen, dass die Pressekonferenz nicht stattfindet | 2 **ausfallen** nicht stattfinden | 3 **Skandal** ein negatives Ereignis

Kapitel 8

Berlin, 10. Dezember

Helmut Müller erhält einen Brief aus Singapur. Er öffnet ihn und liest:

Lieber Helmut,
beinahe hättest du mir alles kaputt gemacht.
Ich habe erst am letzten Tag erfahren, dass der Privatdetektiv, den Quarz engagiert hatte, Helmut Müller heißt.
Da musste ich schnell handeln. Ich hätte zu gerne die Gesichter gesehen, die die Schickeria von München gemacht hat, als die Vernissage ausfallen musste. Der Artikel in der „Süddeutschen Zeitung“ war köstlich.
Na, vielleicht sehen wir uns ja ein anderes Mal wieder…

Alles Liebe!

Deine Maria

P.S. Ich empfehle dir, diesen Brief nach der Lektüre zu verbrennen. Sicher ist sicher.

M.

Ende

10 **beinahe** fast | 18 **köstlich** *hier:* sehr lustig | 25 **nach der Lektüre** nachdem er den Brief gelesen hat

Übungen und Tests zu den Kapiteln

1. Warum hat Herr Quarz Frau Hintersberger engagiert? Kreuzen Sie an.

a) Sie ist die Schirmherrin.
b) Sie ist die Künstlerin.
c) Sie ist Reporterin bei der Illustrierten „Regenbogen“.
d) Sie ist spezialisiert auf die organisation von Festen und Ausstellungen.
e) Sie stammt aus dem bayerischen Adel.
f) Sie hat Empfehlungsschreiben von Freunden von Quarz.

Was muss Frau Hintersberger alles organisieren? Lesen Sie noch einmal das Gespräch zwischen Maria Hintersberger und Florian Quarz. Streichen Sie die falschen Aufgaben weg.

– Clothilde Krumm treffen
– Absagen verschicken
– Transport der Schmuckstücke organisieren
– mit Helmut Müller sprechen
– die Saalmiete bezahlen

2. Was genau sind die Aufgaben von Helmut Müller bei diesem Auftrag?

3. Maria Hintersberger schlägt vor, dass die Ausstellungsobjekte mit weißen Tüchern zugedeckt werden. Können Sie sich vorstellen, warum?

4. Bringen Sie die Sätze in die richtige Reihenfolge.

- ◯ Helmut Müller steckt die Visitenkarte in seine Jacke.
- ◯ Helmut Müller und Bea Braun verlassen das Hotel.
- ◯ Bea Braun macht sich kurze Notizen.
- ◯ Der Hoteldetektiv spricht mit Helmut Müller und Bea Braun.
- ◯ Niemand von uns hat die Schmuckstücke gesehen.

Die Visitenkarte von Frau Hintersberger ist unvollständig. Was fehlt?
Können Sie sich vorstellen, warum?

M. Hintersberger

Ausstellungen · Feste
Veranstaltungen

München · Paris · New York

....

....

....

....

5. Was wissen Sie schon alles über den Münchener Christlkindmarkt? Ergänzen Sie.

Name: ....

Ort: ....

Zeitpunkt/Wann?: ....

Man trinkt: ....

Man isst: ....

Schauen Sie sich die Zeichnung an. Können Sie die fünf Gegenstände finden, die man nicht auf dem Münchner Weihnachtsmarkt kaufen kann?

6. Welches Wort fehlt? Ergänzen Sie. Nicht alle Wörter passen, zwei Wörter bleiben übrig.

Informationsschalter	Ankunftshalle	
Clothilde	Abflughalle	Maria
Stimme	Flughafen	Passkontrolle

Am Flughafen geht Helmut Müller zur ....

Er beschließt, zum Informationsschalter in der .... zu gehen.

Kurz darauf hört Helmut Müller eine .... aus dem Lautsprecher.

Maria Hintersberger steht in der Schlange vor der ....

Sie beschloss, zwei Stunden früher als geplant zum .... zu fahren.

Jetzt heißt sie .... Berger und fliegt nach Singapur.

Auf welchen Namen ist die Bordkarte von Frau Hintersberger ausgestellt?

- ○ S. Bergmann, Mailand
- ○ I. Berger, London
- ○ Ch. Becker, Paris
- ○ M. Berger, Singapur

7. und 8. Stellen Sie sich vor, Sie sind Reporter/in bei der „Süddeutschen Zeitung". Schreiben Sie einen Artikel über die Vernissage. Welche Überschrift geben Sie Ihrem Artikel?

1. – 8. Helmut Müller löst den Fall. Sicher können Sie das auch. Was ist richtig, was ist falsch?

	R	F
Maria Hintersberger soll für Florian Quarz eine Vernissage organisieren.	☐	☐
Helmut Müller und Bea Braun planen nach New York zu fliegen.	☐	☐
Die Künstlerin heißt Elisabeth Bernstein.	☐	☐
Um 20 Uhr soll Stephanie von Luxemburg die Vernissage eröffnen.	☐	☐
Auf dem Weihnachtsmarkt gibt es Weihnachtsgebäck und Glühwein.	☐	☐
Die Zollbeamtin merkt, dass der Pass gefälscht ist.	☐	☐
Helmut Müller sagt Florian Quarz die Wahrheit.	☐	☐
Maria Hintersberger schreibt Helmut Müller eine Postkarte aus Singapur.	☐	☐

Lösungen zu den Übungen

1. Warum hat Herr Quarz Frau Hintersberger engagiert?

d)

Was muss Frau Hintersberger alles organisieren? Lesen Sie noch einmal das Gespräch zwischen Maria Hintersberger und Florian Quarz. Streichen Sie die falschen Aufgaben durch.

– Clothilde Krumm treffen
~~– Absagen verschicken~~
– Transport der Schmuckstücke organisieren
~~– mit Helmut Müller sprechen~~
~~– die Saalmiete bezahlen~~

2. Was genau sind die Aufgaben von Helmut Müller bei diesem Auftrag?

Helmut Müller und Bea Braun müssen die Einladungen überprüfen, die Gäste unauffällig kontrollieren und aufpassen, dass keine Ausstellungsobjekte verschwinden.

3. Maria Hintersberger schlägt vor, dass die Ausstellungsobjekte mit weißen Tüchern zugedeckt werden. Können Sie sich vorstellen, warum?

So kann Florian Quarz nicht sehen, dass Maria Hintersberger ihn betrogen hat und die echten Schmuckstücke nicht im Hotel sind.

4. Bringen Sie die Sätze in die richtige Reihenfolge.

1. Der Hoteldetektiv spricht mit Helmut Müller und Bea Braun.
2. Niemand von uns hat die Schmuckstücke gesehen.
3. Helmut Müller steckt die Visitenkarte in seine Jacke.
4. Bea Braun macht sich kurze Notizen.
5. Helmut Müller und Bea Braun verlassen das Hotel.

Die Visitenkarte von Frau Hintersberger ist unvollständig. Was fehlt? Können Sie sich vorstellen, warum?

Auf der Visitenkarte fehlen eine Adresse und eine Telefonnummer. Diese Informationen fehlen, da man sie ohne Adresse nicht so leicht finden kann.

5. Was wissen Sie schon alles über den Münchener Christlkindmarkt? Ergänzen Sie.

Name: Christkindlmarkt
Ort: Marienplatz in München
Zeitpunkt/Wann?: Vorweihnachtszeit/Advent/vier Wochen vor Weihnachten
Man trinkt: Glühwein
Man isst: Weihnachtsgebäck/Plätzchen

Schauen Sie sich die Zeichnung an. Können Sie die fünf Gegenstände finden, die man nicht auf dem Münchner Weihnachtsmarkt kaufen kann?

Taucherbrille
Kangaroo
Schwimmreifen
Waschmaschine
Peace-Zeichen

6. Welches Wort fehlt? Ergänzen Sie.

Am Flughafen geht Helmut Müller zur **Ankunftshalle**.
Er beschließt, zum Informationsschalter in der **Abflughalle** zu gehen.
Kurz darauf hört Helmut Müller eine **Stimme** aus dem Lautsprecher.
Maria Hintersberger steht in der Schlange vor der **Passkontrolle**
Sie beschloss, zwei Stunden früher als geplant zum **Flughafen** zu fahren.
Jetzt heißt sie **Maria** Berger und fliegt nach Singapur.

Auf welchen Namen ist die Bordkarte von Frau Hintersberger ausgestellt?

M. Berger, Singapur

7. und 8. Stellen Sie sich vor, Sie sind Reporter/in bei der „Süddeutschen Zeitung". Schreiben Sie einen Artikel über die Vernissage. Welche Überschrift geben Sie Ihrem Artikel?

Vernissage ohne Kunst!
München – Am Samstagabend sollten bei einer große Vernissage Schmuckstücke und Edelstein-Collagen der berühmten Münchener Künstlerin Clothilde Krumm gezeigt werden. Als Ehrengast wurde Prinzessin Staphanie von Luxemburg angekündigt. Doch dann gab es keine Prinzessin und auch kein Schmuck. Die Organisatorin Maria Hintersberger hat alle betrogen und ist mit dem Schmuck abgehauen. Da hat sich der bekannte Kunstmäzen Florian Quarz ganz schön täuschen lassen.

1. – 8. Helmut Müller löst den Fall. Sicher können Sie das auch. Was ist richtig, was ist falsch?

	R	F
Maria Hintersberger soll für Florian Quarz eine Vernissage organisieren.	☑	☐
Helmut Müller und Bea Braun planen nach New York zu fliegen.	☐	☑
Die Künstlerin heißt Elisabeth Bernstein.	☐	☑
Um 20 Uhr soll Stephanie von Luxemburg die Vernissage eröffnen.	☑	☐
Auf dem Weihnachtsmarkt gibt es Weihnachtsgebäck und Glühwein.	☑	☐
Die Zollbeamtin merkt, dass der Pass gefälscht ist.	☐	☑
Helmut Müller sagt Florian Quarz die Wahrheit.	☑	☐
Maria Hintersberger schreibt Helmut Müller eine Postkarte aus Singapur.	☐	☑

Welche Wörter zum Thema Weihnachten haben Sie gelernt?

Neue Wörter auf Deutsch	Artikel?	Erklärung auf Deutsch	Meine Sprache
Weihnachtszeit			

Weihnachtliche Traditionen in Deutschland

In Deutschland beginnt die Vorweihnachtszeit am 1. Dezember. Kinder bekommen einen Adventskalender mit 24 Türchen. Jeden Morgen dürfen sie ein Türchen aufmachen und finden dort ein kleines Geschenk oder Schokolade.
Am Vorabend vor Nikolaus, der 6. Dezember, stellen alle Kinder ihre Schuhe vor die Tür. Am nächsten Morgen sind diese dann mit Mandarinen, Nüssen und Schokolade gefüllt.
Den Höhepunkt stellen die Weihnachtsfeiertage dar, die am 24. Dezember beginnen. Der 24. Dezember ist der Heilige Abend. An diesen Tagen kommt die Familie zusammen, essen gemeinsam und beschenken sich.